알록달록 계절 산책

우리의 봄, 그다음의 계절

2023년 4월,

저는 어쩌다 또 선생님이 되었습니다.

첫 수업이 만화의 기본을 가르치는 가벼운 내용의 수업이었다면, '나는 초등학생 웹툰작가'라는 두 번째 수업은 결과물이 책으로 나와야 하는 약간은 부담스러운 수업이었어요. 아이들이 처음 다뤄보는 앱의 기능을 충분히 숙지하기에 시간은 턱없이 모자랐고, 수업 내용을 잘 이해하고 따라와 줄지, 책이 완성되기는 할지 모든 게 걱정이었거든요.

제 걱정의 반은 맞고 반은 틀렸어요. 아이들은 결코 제 마음같이 따라와 주지 않았습니다.

계절이라는 주제에 아이들이 다양하고 잔잔한 경험이 담긴 에세이를 만들어주리라 기대했던 것과 달리, 여기저기에서 모험이 가득하고 흥미진진한 창작물들이 튀어나왔거든요. 왁자지껄했던 수업의 분위기에서 예상했었어야 했는데 :P

하지만 결과적으로는 제가 상상한 것보다 훨씬 더 멋진 것들이 만들어졌어요. 아이들은 잘할 수 있다고 조금만 용기를 주어도 매 순간 모든 걸 더 잘 해내고, 무한한 가능성을 꺼내 보이더라구요. 약간의 물을 주었을 뿐인데 어느새 수많은 잎을 만들어내는 제 테이블 야자처럼요.

사실 아이들에게서 듣는 선생님이라는 호칭이 낯설어서 과연, 내가 선생님이라 불릴 자격이 있을까? 아이들보다 나은 것이 있기는 할까? 의문이 들었습니다. 제 말투나 행동이 마치 덜 자란 아이의 '선생님 역할놀이' 같다고 느껴졌거든요. 어쩌면 마지막까지 저는 미성숙한 역할놀이를 한 것 같은데 고맙게도 아이들은 그런 저를 믿고 따라와 주었습니다.

 그런 아이들을 보며 저는 조금 더 성숙한 어른이고 싶었어요. 약간의 물이 아니라 어느 정도의 양분까지도 줄 수 있는 어른 말이죠. 잘하고 싶게 만드는 아이들이 오히려 저에게 양분이 되어준 건 아니었을까요? 어쩌면 그에 기대어 조금은 커졌을지도 모르겠습니다.

 아이들과 함께한 2023년의 설레던 봄,
충분히 적셔질 여름, 무르익을 가을과 단단하게 다져질 겨울, 그리고 한층 더 자라 있을 그다음 계절. 저는 그 계절의 아이들이 너무 기대됩니다.

 즐겁게 수업하고 행복하게 엮었어요. 이제 책장을 넘기면 흥미로운 캐릭터들이 만들어 내는 다양한 계절 이야기가 펼쳐질 거예요. 즐겁게 그 계절 속을 산책해 보세요.

- 2023년 5월 어느 날, likegreen

에피소드 1.

인기의 비법

프레스코 앱은 젤 첨에 어도비 계정에 가입해야 사용이 가능합니다. 도서관의
강의실은 와이파이가 안 되는 환경이구요... 저는 이날 여기저기서 간절히 저를
찾는 아이들의 목소리에 정신을 차릴 수 없었습니다.

두더지 게임

수업 중 개별 지도를 할 때면 종종
두더지 게임이 떠올랐어요.

한 아이의 그림을 봐주고 있으면 누군가가
반드시 떠들었거든요.

그래도 떼창은 아니지

실제로 불렀던 노래가 개구리 송은 아니었어요. 아이들이 갑자기 하나둘 따라 부르기 시작한 노래가 떼창으로 변하던 순간, 당혹감과 함께 어이없는 웃음이 터져 나왔어요.

에피소드 3。

보고 싶은 두더지들...

차례

📖 여는 글

　● 우리의 봄, 그다음의 계절 · likegreen　　　　　　　　2
　● 에피소드　　　　　　　　　　　　　　　　　　　　4

🌱 봄이야기

　● 이불 밖은 위험해 · 최빛찬　　　　　　　　　　　15
　● 이춘기 쫀의 사계절 · 장세준　　　　　　　　　　31

💧 여름이야기

　● 그날 시골에서 있었던 일 · 유정우　　　　　　　　41
　● 할머니와 수박 · 양해윤　　　　　　　　　　　　65

🍂 가을이야기

　● 어느 가을날의 우연 · 조은우　　　　　　　　　　77
　● 가을, 낮 꿈 · 김민　　　　　　　　　　　　　　95

☃ 겨울이야기

- 우리들의 모험 · 이가영　　　　　　　　　113
- 크리스마스 저녁의 뜻밖의 선물 · 문승명　　127
- 미래의 나에게 보내는 타임캡슐 · 김연진　　141
- 최고의 눈싸움 · 양태완　　　　　　　　　157

📖 부록

- 나를 표현하는 캐릭터 만들기　　　　　　180
- 캐릭터의 동작과 상황 표현하기　　　　　186
- 수업 시간 요모조모　　　　　　　　　　190

📖 닫는 글

- 나의 봄을 함께해 준 아이들에게.　　　　194

봄 이야기

이불 밖은 위험해 - 최빛찬
이춘기 쭌의 사계절 - 장세준

이불 밖은 위험해

최빛찬 지음
용정초등학교 4학년

어느 봄날 어니언 하우스에 함께 살고 있는 개성 강한 친구들이 갑자기 떠난 여행. 그 여행에서 만나게 된 위기!! 과연 친구들은 어떻게 이 위기를 극복했을까요? 흥미진진한 어니언 하우스 친구들의 모험, 함께 떠나볼까요?

캐릭터 소개

어니언 하우스 친구들

풍이

어니언　봉봉

뎅이

어니언: 성격이 긍정적이고 좋다. 좋아하는 것은 봉봉, 여행, 책 읽기.

봉봉: 화가 나면 씨를 '두두두' 뱉는다. 좋아하는 것은 라면, 사격, 모험

풍이: 흙 속에서 잠을 자는 것을 즐긴다. 겁이 많아서 항상 뎅이와 같이 있다.
　　　부엽토 먹는 것을 좋아한다.

뎅이: 흙 밖에서 일광욕하는 것을 즐긴다. 겁이 많아서 항상 풍이와 같이 있다.
　　　먹는 것보다 노는 것을 더 좋아한다.

이불 밖은 위험해 -끝-

작가의 말

최빛찬(onion)

Q. 이 웹툰을 그리게 된 계기는 무엇인가요?

제가 과일 중에서 딸기를 엄청 좋아해요. 집에는 장수풍뎅이 애벌레인 풍이, 뎅이를 키우고 있구요. 어니언은 저의 별명이기도 합니다. 그래서 이 세 가지 캐릭터를 주인공으로 정했어요. 또 제가 평소에 집에 있는 걸 좋아하다 보니 '이불 밖은 위험해'라는 짧은 에피소드를 상상하고 그리게 되었습니다.

Q. 봉봉이는 왜 우유 속에 있나요? 또 딸기씨를 뱉는 이유는 무엇인가요?

저는 평소에 딸기를 우유에 타먹는 걸 좋아해요. 그래서 봉봉이가 우유를 좋아하고, 그 속에서 기분이 좋을 때 딸기우유가 되는 것으로 그렸어요. 또 화가 나면 씨앗을 '두두두' 뱉는 습성이 있어요. 그래서 농부에게 잡힐 때 씨앗 공격을 했답니다. 귀엽죠?

Q. 이야기 속에 등장하는 개미는 항상 주인공들을 따라다니는 건가요?

사실 다 다른 개미들이랍니다. 놀랐죠?! ㅎㅎㅎ

Q. 어니언과 대파는 어떻게 친구가 된 건가요?

대파들이 트럭으로 이동 중, 우연히 양파밭으로 떨어져 나온 대파가 있었는데요, 그 친구가 바로 어니언의 오랜 친구랍니다!

Q. 번외 편에서 새의 발을 유독 크게 그리신 이유가 있나요?

풍이, 뎅이에게 엄청 세게 물려서 퉁퉁 부은 거랍니다.

Q. 작가님, 마지막으로 한 말씀해 주세요!

웹툰 재밌게 보셨나요? 혹시 어딘가에서 봉봉이와 풍이, 뎅이를 만나게 된다면 주저 말고 친구가 되어 주세요! 그리고 친구들처럼 봄의 계절 속으로 소풍을 떠나보세요. 잊지 못할 추억이 될 거예요- 그럼 독자 여러분, 다음 에피소드에서 만나요! 감사합니다.

이춘기 쭌의 사계절

장세준 지음
대화초등학교 3학년

봄, 여름, 가을, 겨울 속에서 쭌은 어떤 모습일까요? 쭌은 지금 이춘기쯤에 와있대요. 얌전한 듯 조용한 반항아 이춘기 쭌의 사계절, 지금 만나보세요.

캐릭터 소개

이춘기 쭌(10살)

특징 : 축구를 좋아하고
게임을 잘한다. 그리고
그림을 잘 그린다.
성격 : 짜증이 많고 화를
많이 낸다. (이춘기니까요^^)

이춘기 쭌의 사계절

"봄"

이춘기쭌 봄바람났네

"여름"

이춘기쭌 더위사냥 중

"가을"

이춘기쭌 분위기 타는 중

"겨울"

이춘기쭌 눈사람이 되는 중

봄쭌   여름쭌   가을쭌   겨울쭌

이춘기 쭌의 사계절 -끝-

작가의 말

장세준

안녕하세요? 장세준입니다.

처음 웹툰 수업에서 그림을 그릴 때는 많이 힘이 들었습니다. 캐릭터를 만드는 것도 여러 가지 동작을 그리는 것도 쉽지 않았어요. 아이패드의 프레스코 앱으로 그림을 그리는 것도 미숙했구요. 하지만 하다 보니 재밌고 그림 실력도 전보다 늘었습니다.

아직은 완벽하게 제가 원하는 만화를 만들지 못하지만 언젠가 제가 그리고 싶은 만화를 제대로 그려볼 겁니다. "귀멸의 칼날" 같은 멋진 만화 말이에요. 그러려면 더 많이 노력해야겠죠?? 제가 나중에 만들어낼 만화를 기다려주세요.

여름 이야기

. . . .

그날 시골에서 있었던 일-유정우
할머니와 수박- 양해윤

그날 시골에서 있었던 일

유정우 지음
인동초등학교 5학년

여름방학 우유네 가족들이 시골로 떠나는 길은 시작부터 쉽지가 않네요. 우여곡절 끝에 시골에 도착해서도 흥미진진한 일들이 일어나는데... 과연 그날 시골에서 우유에게 무슨 일들이 일어난 걸까요?

캐릭터 소개

우유(12살)

우유맛 아이스크림으로 이야기의 주인공.
시골에 갈 생각에 신나지만 안 좋은 일을
당할 줄은 꿈에도 몰랐다.

샤베트(9살)

무지개 샤베트라는 아이스크림.
우유의 동생이다. 차 타고 가는 길이
너무 길어 지루했다고 한다.

피스타치오(나이는 비밀)

우유/샤베트의 아빠. 피스타치오라는
아이스크림. 시골 가는 길에 안개로 위기를
겪지만 무사히(?) 빠져나온다. 그리고
우유의 위기 상황 때 우유를 구해 주는데...?

엄마는 지구인(나이는 비밀)

우유/샤베트의 엄마. 엄마는 지구인이라는
아이스크림(신상출시!) 오랜만에 시골에
가는데 늦잠 자는 우유를 깨우다 변신한다.
(우유가 말을 안 들어서 화나면 변신)

엑스트라 캐릭터

할아버지

우유와 샤베트의
할아버지.
엄마의 아빠.

무당벌레

알고보니
개미의 친구??

까치

지금은 설날
아닌데??

새싹

왜 나온거?

개미

나오긴 나옴.
잘 찾아보셈!

안개

고생의 원인

세상모르고 자는 우유

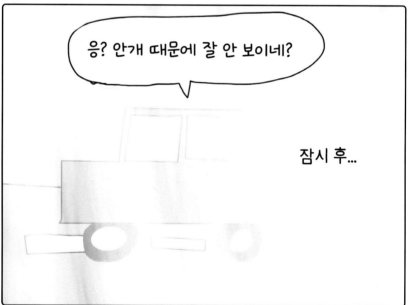

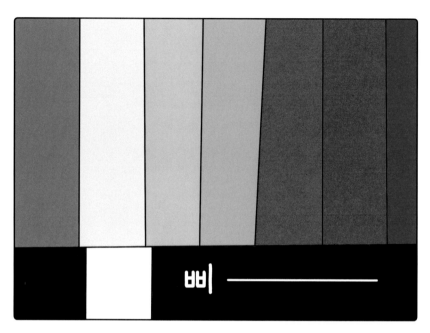

재밌게 실컷 놀고 난 뒤...

창밖이 어찌 되든 세상모르고 자는 우유

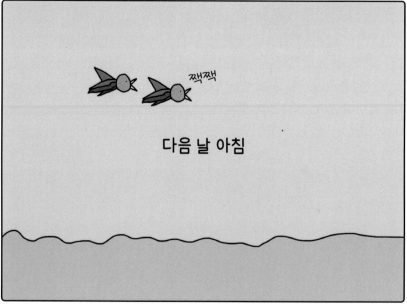

다음 날 아침

그날 우유는 잃어버린 슬리퍼를 한참 동안 찾았지만
찾지 못했다고 한다..

그날 시골에서 있었던 일 -끝-

작가의 말

유정우

안녕하세요. 유정우입니다.

이 수업을 통해 작가가 되고 책을 내기까지 아주 어렵고 오랜 시간이 걸린다는 것을 알았습니다. 보고 듣기만 하다가 실제로 만화 작가들이 하던 것을 직접 해보니 쉽지만은 않았습니다. 저도 이 수업을 통해 제 꿈에 한 발짝 더 나아간 것 같습니다.

이것을 읽고 계시는 여러분들도 꿈을 키우고 여러분이 원하시는 꿈을 이루시기 바랍니다.

미래의 작가 유정우 드림

할머니와 수박

양해윤 지음
석암초등학교 5학년

 주인공인 '나'는 여름방학을 맞아 나를 많이 예뻐하고 아껴주시는 할머니를 만나러 갔대요. 할머니의 사랑이 가득 담긴 수박의 맛은 과연 어떨까요? 그 맛, 우리도 함께 느껴봐요.

캐릭터 소개

나

평범한 12살
마른 체형, 키 작음
ESFP

할머니

평범한 할머니 스타일
나와 동생을 예뻐해 주심
웬만한 동네 사람들은 다 친함

할머니와 수박

할머니와 수박 -끝-

작가의 말

양해윤

안녕하세요~ '**할머니와 수박**'의 작가(?) 양해윤입니다.

제가 이 만화를 만들게 된 계기는 도서관에서 하는 「나는 초등학생 웹툰작가」라는 프로그램을 신청했기 때문입니다, 만화를 만들면서 힘들고 화날 때도 있었지만 잘 버텨서 만화를 만든 것 같아요.

할머니와 수박은 제가 직접 겪었던 일을 바탕으로 만들었습니다. 할머니께서 저에게 주려고 밭에 수박을 심으셨는데 정말로 수박이 났어요. 잘 익지 않아서 맛은 없었지만 조그마해서 귀여웠어요.

올해에는 꼭 잘 익은 수박을 먹어야겠어요! 제 이야기 재밌게 읽어 주세요!

가을 이야기

· · · · · · · · · · · · · · · · · · ·

어느 가을날의 우연 - 조은우
가을, 낮 꿈 - 김민

어느 가을날의 우연

조은우 지음
승학초등학교 4학년

 어느 날 은유에게 새로 생긴 작은 친구 몽몽이. 둘의 만남은 시작부터 예사롭지 않네요. 어떻게 해서 둘은 만나게 되었을까요? 또 왜 둘은 절대 떨어지지 않는 사이가 된 걸까요? 은유네 식탁에서 벌어진 조마조마한 사건 속으로 지금 함께 떠나 볼까요?

캐릭터 소개

은유

잘 웃는 만큼 잘 운다.
무서워하는 것이 많다.
정이 많다.

몽몽

매우 느긋하며 자연을 사랑한다.
음쓰봉과 곰팡이를
유일하게 무서워하고
다른 건 모두 호기심을 가진다.

어느 가을날의 우연

어느 추운 가을날

몽몽이가 만두가게 찜기에서 태어났다.

여긴 어디?
나는 누구?

장인 손 만두

맛있겠당~

만두를 좋아하는
소녀 은우

딸랑~

아저씨
만두 있어요?

81

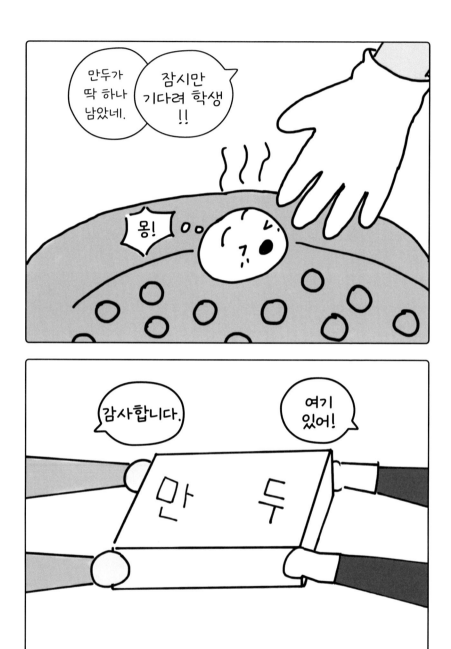

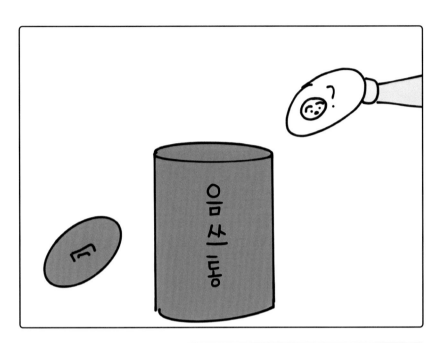

10분 후 은유는 몽몽이가 없어진 것을 알았다.

은유는 몽몽이를 찾고...

꿰매주는 중

꿈같은 은유와 몽몽이의 하루

그 뒤로 은유는 어디든지 몽몽이를 데리고 다녔다.

학교 다녀오겠습니다!

가방속 몽몽!

예고편

은유는 학교에서
무슨 일이 있었을까?
귀엽고 흥미진진한 이야기!
안 보면 후회한다 몽몽.
꼭 봐라 몽몽.

뿌앵~~내
체험학습!!

어느 가을날의 우연 -끝-

작가의 말

조은우

  이 작품은 반려동물을 키우고 싶은 간절한 마음에서 시작됐습니다. 제가 태어나기 전 우리 집에는 토토라는 강아지가 있었는데 제가 태어나고 얼마 되지 않아 토토는 다른 곳으로 가야만 했었습니다. 토토가 지금까지 살아있었다면 저와 둘도 없는 친구가 되었을 거라는 마음을 늘 품고 있었는데 '**어느 가을날의 우연**'이라는 작품을 쓰면서 이런 저의 마음을 펼쳐보았습니다.

  작품 속의 메인 등장인물인 몽몽이는 가을을 생각하면 떠오르는 만두에 제가 좋아하는 곰을 콜라보하여 만든 캐릭터이고 은유는 저를 생각하며 만들었습니다.

  이 작품을 만드는 데에는 꾸준한 노력이 필요했습니다. 컴퓨터로는 처음으로 그림을 그리는 것이라서 조작법, 채색법 등 많은 부분이 어려웠지만 이렇게 완성하니 열심히 한 만큼 뿌듯합니다.^^

가을, 낮 꿈

김민 지음
인주초등학교 5학년

 민이와 콩콩이 그리고 대왕 도토리나무의 특별한 만남. 그 뒤에 남은 건 머리에 커다란 혹? 귀엽고 재미있는 가을 낮 꿈 속으로~ 그런데... 진짜 이거 꿈 맞아요? 수수께끼는 500살 대왕 도토리나무에 물어보자구요.

캐릭터 소개

김민(12살)

특징: 호기심이 많고
다른 사람을 많이
도와준다.

콩콩이(3살)

성격: 활발하고
긍정적이다.
특징: 도토리를 좋아해서
도토리를 구하러 다닌다.

대왕 도토리나무 (500살쯤??)

성격: 차분하다.
특징: 학교 정문을 떠나본 적 없고
잠이 많다. 무서워 보이지만
정이 많다.

가을, 낮 꿈

비밀 하나.

비밀 둘.

가을, 낮 꿈 -끝-

작가의 말

김민

가을 하면 떠오르는 것을 마인드 맵으로 만들다 보니까 몇 가지가 생각났어요. 소풍, 다람쥐, 도토리... 가을의 대표적인 주제로 이야기를 만들었습니다.

그림을 그리며 특별히 재밌었던 건 도토리를 그릴 때였습니다. 도토리가 너무 작고 귀여웠거든요- 어려웠던 건 채색을 깔끔하게 할 수가 없었던 거였어요. 선을 그리고 채색을 하면 계속 삐져 나가서 그림이 지저분해졌거든요. 레이어를 사용하라고 배웠는데 그리다 보면 자꾸만 스케치 레이어에 덧칠을 하고 있더라구요. 몇 번을 고치기도 했고 그냥 포기하고 넘어간 적도 있는데 그래서 조금 아쉽습니다.

 오래 걸려 만화를 완성했어요. 힘들었지만 직접 웹툰을 만드는 과정을 경험하고 작업이 잘 마무리되어서 너무 뿌듯했습니다. 만족해요^^

또 수업을 들을 수 있다면 그때는 여름을 주제로 이야기를 그리고 싶습니다. 방학, 바다, 장마, 여행 같은 것들을 주제로요. 읽어주셔서 감사합니다.

겨울 이야기

우리들의 모험- 이가영
크리스마스 저녁의 뜻밖의 선물- 문승명
미래의 나에게 보내는 타임캡슐- 김연진
최고의 눈싸움- 양태완

우리들의 모험

이가영 지음
관교초등학교 5학년

 여러분은 모험 좋아하나요? 겨울방학, 갑자기 비밀의 섬으로 모험을 떠난 친구들은 왜 갑자기 위기에 처했을까요? 그 비밀은 새싹이의 텐트에 있는 것 같네요. 그나저나 겨우리와 바라기의 비밀의 섬은 어떻게 찾아가죠? 만나보고 싶다 이 친구들!

캐릭터 소개

이가영

그림 좋아!
수학 싫어!
분홍색 좋아!

친구들 좋아~

#A형 #12살 #주인공

서냥

생선 좋아!
밖은 싫어!
모험 싫어!!!

작가가 되고 싶어!

#냐옹고양이 #12살 #생선사랑

이풀잎

공부 좋아!
게임 싫어!
초록색 좋아!

연구자가 될거야!

#내가최고 #새싹이랑 쌍둥이

날
따르라!!

이새싹

노는 거 좋아!

새싹마을에
살아요~

공부 싫어! 노란색 좋아!

#O형 #리더십최고 #풀잎과쌍둥이

그렇게 우리는 산을 넘고...

바다를 건넜어요.

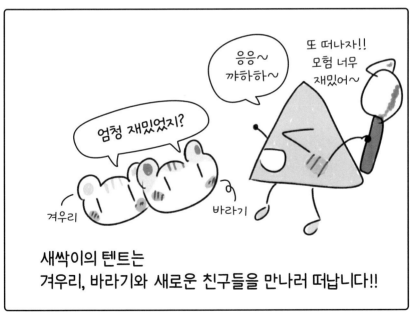

새싹이의 텐트는
겨우리, 바라기와 새로운 친구들을 만나러 떠납니다!!

언제까지 가야하지..

우리들의 모험 -끝-

작가의 말

이가영

Q. 친구들과의 모험을 그렸는데 어떻게 해서 이 이야기를 만들게 되었나요?

혼자 말도 안 되는 상상을 자주 하는데, 그 상상을 책에 담고 싶어서 이 이야기를 만들었어요. 모험을 실제로 할 생각은 없는데 상상 속에서의 모험은 자주 해요.

Q. 캐릭터는 어떻게 만들게 되었나요??

가영이는 저를 모티브로 했어요. 저도 주인공 가영이처럼 분홍색과 양 갈래 머리를 좋아하거든요.^^

새싹이는 심심해서 그냥 동그라미를 그렸는데 거기에 그냥 생각이 나는 대로 새싹 머리 한 가닥을 더해서 새싹이가 탄생했습니다. 초반에는 가영이, 새싹이만 있었는데 쌍둥이 동생이 있으면 어떨까 하는 생각에 열심히 그림을 고치다 보니 지금의 풀잎이가 탄생했습니다.

서냥이는 친구의 이름 중에 한 글자인 '서'와 친구가 좋아하는 고양이의 '냥'을 합쳐서 서냥이 됐어요. 친구가 검은색과 하얀색을 좋아해서 캐릭터도 이런 색으로 만들었어요.

Q. 만화를 만들면서 힘들었던 점이나 재밌었던 점은 뭔가요?

그림 그릴 때 가장 힘들었던 점은... 레이어를 나눠서 스케치와 채색을 하는데 실수로 같은 레이어에 스케치와 채색을 해버려서 수정하려고 할 때 고치는 게... 아악아아앵

재밌었던 건 캐릭터의 표정을 그리는 거였어요. 캐릭터의 감정에 따라 변하는 표정을 그릴 때 왠지 재밌더라고요. 캐릭터가 살아있는 것 같았거든요.

Q. 다음엔 어떤 만화를 그리고 싶나요?

또 이런 기회가 온다면 방학 동안 집에서 가영이와 새싹이, 풀잎이, 서냥이가 집에서 노는 만화를 만들고 싶어요^_^ 집순이 서냥이를 위해서~

크리스마스 저녁의 뜻밖의 선물

문승명 지음
관교초등학교 3학년

평소에 유령은 무섭기만 한 줄 알았는데 뜬금없는 선물(?)을 받고 기뻐하는 크리스마스 유령은 엄청 귀엽네요. 크리스마스 저녁에 요미가 만난 유령과 유령이 전해준 선물이 뭔지 궁금하지 않으신가요?

캐릭터 소개

요미

호기심이 많고 심심한 걸
싫어하고 모험을 즐긴다.
몸이 젤리 성분이어서
늘어났다 줄어들었다 한다.

엄마

화가나면 프라이팬을 든다.
(엄마도 요미와 같이
몸이 젤리 성분이다)

크리스마스 유령

유령이라 무서운 것 같지만
사실은 귀여운 것이 특징이다.
선물을 좋아한다.

크리스마스 저녁의 뜻밖의 선물

요미는 깜짝 놀라 달아났어요.

크리스마스 저녁의 특별한 선물 -끝-

작가의 말

문승명

　주인공 요미는 예전부터 제 만화에 주인공으로 등장했어요. 제가 가장 아끼는 캐릭터거든요. 나이는 저랑 똑같고 궁금한 것을 못 참아요, 장난기도 많아요.

　특이한 점은 요미의 몸이에요. 만화에서 요미는 자꾸 커졌다 작아졌다 동그래졌다 길쭉해졌다 하는데 그것은 요미의 몸이 **젤리 성분**으로 되어있기 때문이에요. 엄마도 요미와 같이 몸이 젤리 성분으로 되어있는데 유전이랍니다.

　전 웹툰을 좋아해서 네이버 웹툰을 매일 봐요. 그래서 직접 웹툰을 그리게 되어 너무 즐거웠어요. 제가 가장 좋아하는 웹툰은 '먹는 인생'이라는 웹툰인데 그림이 귀여워요. 그리고 내가 상상하는 걸 직접 웹툰 작가처럼 아이패드로 그릴 수 있었다는 점이 굉장히 뿌듯했어요. 아쉬웠던 점은 없어요. 다음에는 요미가 탐정이 되어 사건을 해결하는 웹툰을 그려보고 싶어요.

　이제 제가 만든 웹툰이 책으로 나오니까 너무 설레요. 가족들에게 자랑하고 싶어요.

미래의 나에게 보내는 타임캡슐

김연진 지음
백학초등학교 5학년

과거에서 미래로 보내는 메시지라는 의미를 가지는 타임캡슐. 설린이와 리나는 미래의 서로에게 어떤 메시지를 남겼을지 궁금하네요. 우리도 설린이와 리나처럼 미래의 나에게 편지를 한번 써보는 건 어때요?

캐릭터 소개

리나

나이: 12살
특징: 365일 양갈래 머리
성격:원래는 소심하지만
설린이를 만나면 활발함

설린

나이: 12살
특징:치마만 입는다.
성격: 얌전해 보이지만
엄청 활발함

미래의 나에게 보내는
타임캡슐

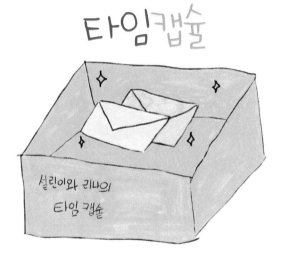

많이 덥던 여름날.

흠...
우리 타임캡슐
만들어 볼래?

심심해..
우리 뭐하고
놀까?

그래!!
그거
재밌겠다.

리나

설린

다있소

다있소

타임캡슐
만들려면
뭘 사야 하지?

편지지랑
상자를 사면
되지 않을까?

설린이와 리나는 타임캡슐을 만들기로 했어요.

미래의 설린이, 리나에게 하고 싶은 이야기를

작은 상자 속에 담았어요.

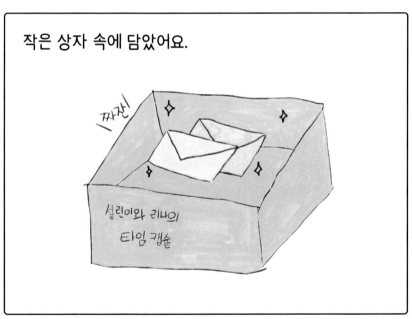

그렇게 둘은 비밀 편지를 1년간 묻어 두기로 했어요.

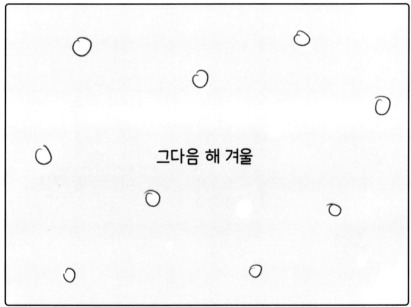

신나게 뛰어놀다가 넘어진 리나는

옷장 아래에서 그때 숨겨둔 지도를 찾았어요.

그렇게 우리는 타임캡슐을 열기로 했어요.

타임캡슐
또 만들자!

이번엔 10년 후에
열어볼까??

미래의 나에게 보내는 타임캡슐 -끝-

작가의 말

김연진

예전에 친구와 타임캡슐을 만들었던 적이 있는데 그때의 추억을 만화로 그려보고 싶었습니다.

만화를 그리면서 힘들었던 점은 만화를 완성하기 위해 한 캐릭터를 여러 번 그려야 하는 거였어요. 저는 그림을 그릴 때 하나의 인물을 정성 들여 완성하는 편인데 웹툰에서는 또 다른 스타일로 캐릭터를 만들었어요.

캐릭터를 만들고 여러 컷에서 다르지 않게 그리는 것이 생각보다 힘들어서 웹툰을 만드는 것이 쉽지 않다고 생각했습니다. 그릴 때마다 캐릭터가 바뀌더라구요. 그리고 다른 수업과 학원 때문에 따로 시간을 내서 만화를 완성해야 했는데 한편을 다 완성하는 데 시간도 많이 걸렸고 힘들었어요.

그래도 제가 만든 이야기로 웹툰을 완성하고 나니까 후련한 기분이 듭니다.

이제 발 뻗고 편하게 자려구요.

최고의 눈싸움

양태완 지음
인동초등학교 5학년

겨울을 기다리는 이유 중 하나는 바로 눈이죠! 눈이 펑펑 오던 어느 날 포환이는 인생 최고의 눈싸움을 했어요. 포환이를 늘 따라다니는 초룡이는 이 눈싸움에서 엄청난 역할을 했는데요. 과연 귀여운 외모 그 안에 감춰진 어마어마한 본모습은 어떤 걸까요?

캐릭터 소개

양포환(나이:12살)

이 만화의 주인공이며 이 세계에서는 무적이나 다름없다.

윤모씨(나이:12살)

양포환과 1학년때부터 친구였던 관계깊은 친구이다.

초룡(나이:???)

거의 맨날 포환이를 따라다니는 애완동물같은 존재이다. 가끔 본모습이 나타나기도 한다.

차모씨(나이:12살)

이 만화에서 거의 제2의 주인공이라 할 정도로 많이 등장한 엑스트라이다. 유일하게 눈과 입이 존재한다.

※ 중국국기 아님 ※

도착한 뒤...

그럼........

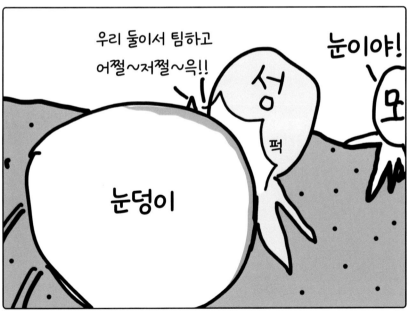

한참 신나게
눈싸움을 한 후...

최고의 눈싸움 -끝-

작가의 말

양태완

안녕하세요, 양태완입니다.

제가 이 만화를 그리게 된 이유는 겨울 이야기의 소재를 찾던 중 지난겨울에 친구들과 놀이터에 모여서 했던 눈싸움이 기억이 났고, 제 인생에 가장 기억에 남는 그날의 눈싸움을 그려보고 싶어서였습니다.

이 만화를 그리면서 느꼈습니다. 웹툰은 힘들다는 것을요. 별로 재미는 없으셨더라도 힘들게 마무리한 제 만화를 봐주셔서 감사합니다.

부록

. . . .

나를 표현하는 캐릭터 만들기
캐릭터의 동작과 상황 표현하기
수업 시간 요모조모

나를 표현하는 캐릭터 만들기

1) 캐릭터(Character)란?

단어의 뜻은 **성격, 기질, 특징**이지만
만화에서의 캐릭터란 이야기를
이끌어가는 인물(상징물)을 의미합니다.
성격과 특징을 담은 인물일 수도 있고
의인화한 동물, 식물일 수도 있어요.
물론 사물도 가능합니다. 방 안에 있는
먼지도 캐릭터가 될 수 있거든요.

2) 마인드맵

마인드맵이란 주제에 관련된 하나의 키워드를 중심으로 생각의 가지를 뻗어나가며 키워드를 설명하는 브레인스토밍 방식의 하나입니다. 직관적으로 주제를 설명하고 정의하기 쉬워 다양한 분야에서 활용되고 있습니다. 나를 표현할 캐릭터를 만들기 위해서는 우선 나의 특징들을 잘 정리해 보는 것이 중요하죠. 그러기 위해 마인드맵을 활용해 보려 합니다.

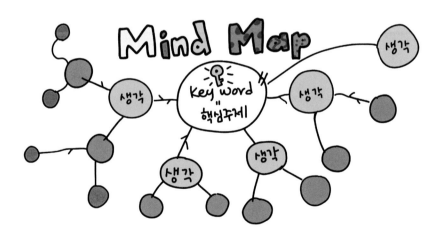

3) 마인드맵으로 캐릭터의 특징 정리하기

우리가 만들 것은 나를 표현할 캐릭터죠. 그러니 이제 '나'라는 키워드를 중심으로 마인드맵을 만들어 봅시다.

〈나〉 마인드맵 만드는 팁

중앙에 키워드(나)를 크게 적고 외형, 성격, 좋아하는 것, 싫어하는 것, 취미, 특기 등의 분류를 정한 뒤 자유롭게 생각의 가지를 뻗어나갑니다. 글로 적어도 좋고 작은 그림과 설명을 덧붙여 완성할 수도 있어요. 각자의 스타일대로 마인드맵을 만들어 보세요.

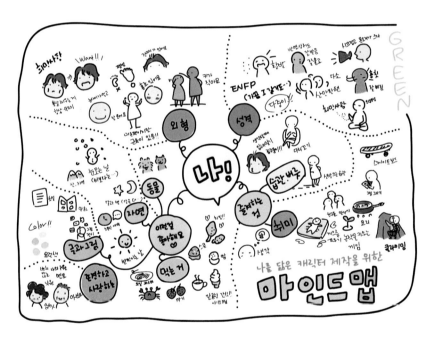

정성을 들여 마인드맵을 만들다 보면 나를 객관적인 시선으로 더 자세히 들여다보게 되고 좀 더 내 존재에 애정을 갖게 되더라구요. 캐릭터 때문만이 아니라도 나에 대한 마인드맵을 한 번 만들어 보길 추천해 드립니다.

※ 마인드맵의 활용

'나는 초등학생 웹툰작가' 수업에서는 나에 대한 마인드맵 외에도 이야기의 주제를 정하기 위해 각 계절을 키워드로 마인드맵을 만들어봤어요. 그중 몇 가지 소개합니다.

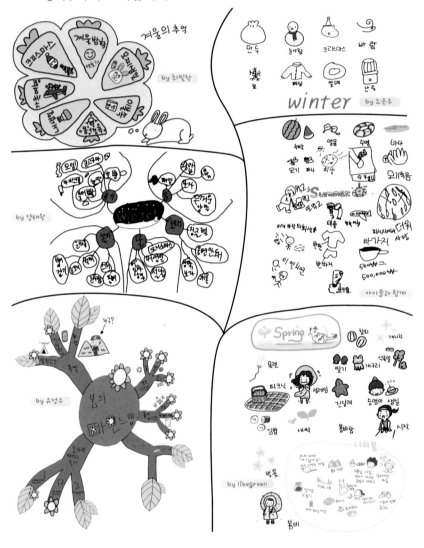

4) 캐릭터 만들기

 마인드맵을 통해 나에 대한 특징들을 정리했다면 그중 외형적인 특징들을 뽑아 캐릭터를 만들어 봅시다. 단, 우리가 만들 캐릭터는 초상화나 사진이 아니라는 점을 기억해 두세요. 모든 특징을 다 담거나 똑같이 그리려 애쓰지 않아도 됩니다.

-얼굴 그리기

 한 번에 만족스러운 캐릭터를 완성하기는 쉽지 않습니다. 어디서부터 시작해야 할지 막막할 수 있어요.

우선은 캐릭터의 얼굴을 만들어 볼텐데요, 여러가지 방식이 있겠지만 그림이 어렵고 막막한 분들을 위해 다음과 같이 구성 요소들의 조합으로 쉽게 얼굴을 완성하는 방식을 알려드리려고 해요.

 얼굴을 구성하는 각각의 요소(눈, 코, 입 등)를 다양하게 그려두고 조합하는 이 방식을 사용하면 생각하지 못한 의외의 조합이 개성 있는 캐릭터로 탄생할 수도 있어서 재밌는 작업이 될 거예요.

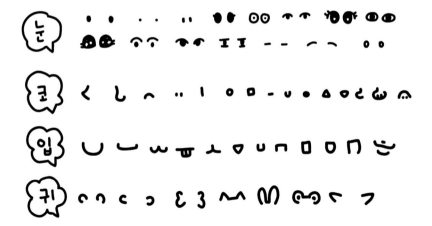

※ 예시 파일 외에도 내가 생각하는 다양한 형태를 추가해서 그려보세요.

● 같은 얼굴형+ 다른 눈, 코, 입 조합해 보기

● 다양한 헤어스타일 추가하기

 어느 정도 마음에 드는 조합이 나온다면 그때부터 눈의 크기, 요소들간의 간격, 배치를 다양하게 변형해 보세요. 점점 만족스러운 얼굴을 만들 수 있을 거예요.

-몸통 그리기

 일상툰이나 이모티콘 캐릭터에서는 3등신, 2등신, 1.5 등신의 귀여운 비율을 흔히 사용합니다. O등신이란 머리의 길이가 전체 키에서 차지하는 비율입니다. (예: 전체 키가 머리 3개 길이와 같다면 즉, 머리: 몸통: 다리가 1:1:1 이라면 3등신)

 앞서 완성한 캐릭터의 얼굴에 원하는 비율로 몸통을 그려 넣어 보세요~

>> 다양한 비율로 완성한 캐릭터

캐릭터의 동작과 상황 표현

1) 기본자세와 여러 가지 동작 그려보기

 캐릭터 만들기가 완성되었다면 캐릭터의 기본자세와 여러 가지 동작들을 그려 보세요. 한 가지 동작만으로는 이야기를 만들어 가기 어려워요. 다양한 동작을 자주 그려보는 것이 좋습니다.

-기본자세(앞, 뒤, 옆) 그리기

 각자 만든 캐릭터의 앞, 옆, 뒷모습을 그려보세요. 보는 방향이 달라진다고 캐릭터의 키가 달라지지는 않잖아요. 여러 방향에서 본 캐릭터의 비율이 달라지지 않도록 주의하세요.

기준선을 활용하면 비율이 달라지지 않게 다양한 자세를 그릴 수있어요. 필요하다면 기준선은 더 추가하세요.

머리끝

어깨선

발끝

앞   옆   뒤

2) 여러 동작 그려보기

 기본자세를 그리며 내 캐릭터의 옆모습과 뒷모습이 어떤지 이해했다면, 조금 더 다양한 동작에 도전해 볼게요. 앉은 모습, 누운 모습, 걸어가거나 춤을 추는 동작까지~ 아래의 동작 가이드를 참고해 그려보세요.

 디지털 기기를 이용해 그리는 경우라면 위 동작가이드를 밑그림으로 해 새로운 레이어에 그림을 그리면 좀 더 쉽게 동작을 표현할 수 있습니다.

3) 상황 연출하기

같은 동작이라도 배경과 표정이 어떤지에 따라 전혀 다른 그림이 됩니다.

디지털 기기를 사용할 경우 레이어 복제 기능으로 같은 동작을 취한 캐릭터 두 개 만들어 주세요. 연필로 그린다면 같은 그림을 두 번 그려주세요.

위 두 그림에 월요일의 회사와 일요일의 카페라는 설정으로 배경을 추가하면 어떨까요? 왼쪽은 월요일 오후 2시의 피로가, 오른쪽은 주말의 여유가 담긴 그림으로 전혀 다르게 연출할 수 있습니다.

※ 수업 중에 아이들이 그려본 같은 동작+다른 배경

수업시간 요모조모

콘티를 활용해 웹툰 완성하기

슥슥삭삭 캐릭터 자랑하기

191

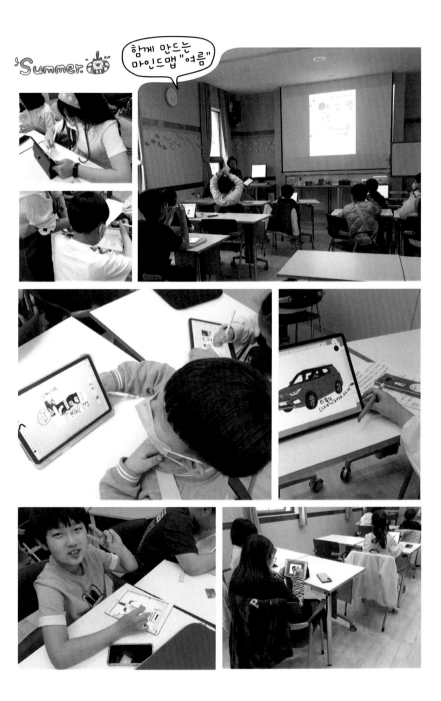

닫는 글

나의 봄을 함께해 준 아이들에게.

너희들이 만들어낸 그림과 이야기를 책으로 엮으며 연신 미소를 지었단다. 다른 독자들은 모를 우리만 아는 뒷이야기들이 밀물처럼 마구마구 밀려왔거든.

시작부터 우리를 애먹였던 와이파이 사건이며 매주 만나는 봄날의 도서관에서 나눈 대화들, 중간에 바뀐 캐릭터며 몇 번씩 수정된 내용이라든지, 이미 만들어진 다음 스토리 같은 것들도 그 시간을 함께 하지 않으면 모를 얘기들이라 이 비밀을 나만 알고 있다는 작은 승리감(?)에 뿌듯하기까지 하더라고.

그러다 미래의 너희들이 만들어 낼 수많은 이야기들이 궁금해졌어. 멋지게 성장한 작가님들로 다시 만날 상상을 하자 조금은 달뜬 기분이 되었단다.

물론, 그때 너희가 나를 기억해 준다면 참 좋겠지만 그러지 않아도 어디선가 만나는 너희들의 이름, 그림, 이야기가 나는 많이 반가울 거야.

좋아하는 것들을 포기하지 않고 계속할 수 있기를...

앞으로 맞이하게 될 너희들의 모든 계절을 응원해!

by likegreen

알록달록 계절 산책

ⓒ 최빛찬, 조은우, 장세준, 이가영, 유정우, 양해윤, 양태완, 문승명, 김연진, 김민, 신효정 2023

발 행   2023년 9월 1일
저 자   최빛찬, 조은우, 장세준, 이가영, 유정우, 양해윤, 양태완, 문승명, 김연진, 김민, 신효정
기 획   신효정, 정태선
편 집   신효정
디자인   신효정
사 진   정태선, 정지훈
인스타그램 @drawing_likegreen

펴낸이   한건희
펴낸곳   주식회사 부크크
출판사등록 2014.07.15.(제2014-16호)
주 소   서울특별시 금천구 가산디지털1로 119 SK트윈타워 A동 305호
전 화   1670-8316
이메일   info@bookk.co.kr, yongby_@naver.com

ISBN | 979-11-410-4129-8

www.bookk.co.kr
ⓒ 신효정 2023

이 책은 미추홀구립도서관에서 '나는 초등학생 웹툰작가' 책 만들기 프로젝트를 통해
'신효정' 웹툰 작가님과 함께 제작하였습니다.